La France
et
Son Empereur,

vrai bonheur pour tout l'univers,

par

le Baron Ô Cahill
ancien Colonel et Aide-de-Camp-Général
du Roi de Sardaigne.

1804.

La France comme République donna l'épouvante à tous les autres Empires. Chaque souverain s'imagina de voir changer ses états également en République. Toutes les nations trembloient de ce bouleversement, et les François comme républicains, furent de beaucoup de monde repugnés et même haïs. D'ailleurs la France avec ses païs conquis, fut pour République trop vaste, et comme les factions sont ordinairement plus fréquents dans une République, que dans une Monarchie; ce sont aussi toujours les factions, qui renversent le gouvernement républicain, et dont l'histoire ancienne et moderne nous donne tant d' exemples.

La sagesse françoise toujours prévoyante en tout, prévoyoit aussi cette catastrophe; et toute la nation demanda unanimement le grand Buonaparte pour son Empereur. Des ce moment heureux, la reconnoissance, la vertu la plus noble de belles ames, n' appartient qu' aux François, qui ont reconnu avec justesse le grand mérite et les grands services de Buonaparte; et ce grand heros, cet homme unique, dont un pareil ne vient sur la terre qu'une fois en mille ans, à son tour en sera toujours reconnoissant, et rendra la nation Françoise à jamais contente et trés-heureuse, par ce que Buonaparte comme Empereur, ne sait qu'oublier les fautes, et de recompenser le merite.

Par l'élévement de Buonaparte à la dignité d'Empereur des François, toutes les causes pour commencer une guerre n'ont plus lieu, et l'Europe en est tout d'un coup delivrée à jamais. La France en se remettant dans le rang des Monarchies, donne l'assurance à tous les Monarques et Souverains d'une paix perpetuelle, c'est donc un bienfait inexprimable pour tout l'univers. Toutes les personnes, même toutes les nations, qui furent revoltées du terrorissme françois et de ses suites affreuses de l'anarchie, reviennent et s'empressent pour rendre leur hommage à la nation et à son grand Empereur. La nation ayant fixé à perpetuité la succession de la France, dans la famille de Buonaparte, a par là supprimé à jamais toutes les factions, et tout le germe de la discorde. La maison de Buonaparte a beaucoup plus de merite, que la maison de Capet n'eut, quand elle a reçu l'herèdité de la France. La maison de Buonaparte a donc seul le droit de succeder dans la France, par ce qu'elle a été choisie de toute la nation. La France entiere l'a mis sur le trône, et tous les François l'ont appellé à la courronne impériale.

La maison de Bourbon n'a plus de droit à la succession de la France, elle s'en est excluse elle.

même par sa fuite toute la nation en a l'excluse deja depuis le commancement de la révolution, et toute la France a confirmé à cette heure l'exclusion, de cette maison. Ces princes me permettront, que Je dise en auteur impartial encore quelques mots de leurs fautes et du mal, qu'ils ont fait à eux mêmes, à toute la nation, et aux puissances étrangeres.

1. Envers eux mêmes ils ont manqué par leur fuite, par la quelle ils ont renoncé volontairement à leur droits de la succession. Leur devoir fût de rester dans leur patrie, de braver la mort et de ne la pas craindre; parceque dans une révolution le Souverain, sa famille et les premieres autorités sont obligés de rester présens, pour devenir ou les premiers vainqueurs, ou les premieres victimes de la mort.

2. Envers la nation ils ont manqué, qu'ils l'ont abandonné à tous les maux, a toutes les horreurs et a tous les fleaux de la guerre; c'est pourquoi l'amour du peuple François ne reviendra jamais plus pour ces Princes fugitifs. Le malheur des François auroit été énorme, si jamais un Bourbon étoit devenu Monarque de la France, un million des personnes n'auroit pas suffi, pour étre massacré et pour mourir sur l'echafaud par vengeance. Cette pensée seule exclut a jamais la maison de Bourbon du trone.

3. Envers les puissances etrangéres, dont ils ont manqué parce qu'ils ont engagé la pl us part à de guerres horribles et trés sanglantes, qui ont renversé plusieurs états et qui les ont effacé du rang et du tableau des Souverains à jamais.

Ces guerres terribles serviront toujours pour de grandes leçons à toutes les nations, et empécheront long temps toute alliance contre la France, surtout dans la guerre presente contrc les Anglois. Si bien que les François ont fait echouer dans la derniere guerre deux coalitions trés formidables, qu'ils sont restés les vainqueurs et qu'ils ont dicté la paix, ils feront la même chose dans une guerre nouvelle; par ce qu'ils sont plus que jamais unis sous un grand Monarque, qui a gagné tant des victoires et qui par ses brillantes Campagnes de 1796, 1797 et 1800 a affermi le bonheur des François pour tant des siecles; et qui est véritablement et sincerement cheri de toute la nation. Ce grand héros accoutumé à fairé des exploits, ne feroit non plus dans une guerre future que des merveilles. Les grands Généraux Berthier, Macdonald, Augereau, Mūrat, Moncey, Jourdan, Marmont, Dessolles, Lannes, Bernadotte, Massena, Brune, Lecourbe, Klein, Andreossy, Menou, Mortier, Oudinot, Ney, Grenier, Soult, St. Cyr, Kellermann, Davoust, Bessieres, Regnier, Duhesme et tant d'autres qui existents encore et qui ont combattu en vrai héros, feront encore la même chose à toute occasion qui se présentera. En cas de nécessité toute la nation est Soldat, préparée pour la guerre et toujours prête à marcher contre les ennemis. Sans être flateur, Je demande où est ce qu'on trouve les mêmes préparatifs et la même promptitude, pour mettre en marche des Armées? Nulle part que chez les François. Il y a bien des années et long temps avant la révolution, que J'ai prédit dans mon histoire des Grands Généraux du temps moderne, ce que Je viens de dire ici de la nation Françoise.

Quel intérêt peut avoir une puissance de se mêler dans la guerre actuelle, et de s'allier avec les Anglois? Les sommes les plus immenses qu'elle tireroit de ces marchands maritimes ne suffiroient pas à la motié pour les dépenses les plus nécessaires, qu'exigeroit la guerre. Puis ses pertes en argent, en agriculture, en commerce, et en hommes, quand la guerre est menée bien eloigné de ses etats, sont tout incalculables. Je veux mettre aussi la possibilité, que se formeroit encore la troisieme coalition contre la France, Je ne suis que trop persuadé qu'elle auroit le même sort que les deux premieres. Plus des alliés, plus de jalousie et plus de discorde entre eux, plus sûre sera l'espérance de faire des bonnes Campagnes contre eux; d'ailleurs, plus d'ennemis, plus de confusion, et plus sûres sont les victoires.

Le Salomon du nord, qui est si bien aimé des etrangers, que de son peuple: n'exposera pas le bien de ses sujets à une guerre incertaine; et sa sagesse se souviendra encore bien ce que son pere a perdu par l'alliance avec l'Angleterre. C étoient aussi les Anglois dans la guerre de sept ans, qui ont abandonné le Roi de Prusse, et qui ont fait une paix separée avec ses ennemis. Et que ce qu'ils ont fait donc les bons Anglois dans la derniere guerre pour leurs alliés? Les autres puissances du nord connoissent trop bien le danger, qu'ils courroient s'ils se declaroient contre la France. La conquête de Jutlande, de Holstein et de la Pommeranie-Suedoise etc. ne demande qu'une couple de jours, pour les François.

Le cabinet de Vienne est trop sage pour s'engager dans une nouvelle guerre, il s'occupe plus, d'ameliorer son commerce, et de créer une marine, ce sont surement aussi des objets plus louables et plus profitables pour l'Autriche qu'une guerre desastreuse.

Au reste l'Italie, l'Allmagne, la Suisse et la Hollande ont trop souffert dans la guerre passée, qu'ils ne sont point du tout en etat a soutenir de nouveau le fardeau de la guerre.

Ce qui regarde L'Espagne, où un Roi sage et prudent est sur le trone, dirigeant parfaitement bien sa grande, vaste et puissante Monarchie par la politique la plus saine, la plus prudente et la plus sage: a ces traits on reconnoitra sans doute Charles IV. Ce grand Monarque, faisant les delices de son fidéle peuple et dont il est l'idole. Aucun Monarque ne connoit mieux que lui ses vrais intérêts et son solide bonheur, il ne semble vivre que pour le bien de ses sujets. Il a fait une alliance avec la France contre les Anglois ses ennemis naturels par ce qu'ils ne cherchent qu'à nuire à son commerce, et qu' à rendre les Espagnols autant tributaires que les Purtugais. Par cette alliance si méconnûe des ignorants dans la politique, et si mal expliquée en plusieurs pais étrangérs, ce grand Monarque a sauvé son commerce de l'avidité angloise, il a fait respecter son pavillon, il a humilié les fiers Anglois et a conservé à jamais l'honneur et la gloire de sa grande nation.

Par cette prevoyance prudente, vertû plus appartenante aux Espagnols qu' à toute autre nation. Charles IV. a retabli la base de l'ancienne puissance dont sa Monarchie a joui durant le regne de son grand et fameux ancêtre l'Empereur Charles V., qui fit trembler Rome et d'autres états, qui mena des Rois prisonniers en triomphe, qui vainquit les infidéles et qui donna la loi à tout l'univers, car ses armées de terre et navale étoient les premieres du monde, ses Généraux étoient autant des heros, et ses campagnes n'etoient que des conquêtes par terre et par mer, son regne fût glorieux et sa memoire ne s'effacera jamais. Charles IV. marchant fidélement sur les traces de ce grand Monarque, a fait un bon choix de Ministres et de Généraux, qui sont à la fois habiles, savans, integres et actifs, son Armée est brave et bien composée, sa marine bien entretenue, l'une et l'autre est formidable et très en etat de combattre et vaincre tous ses ennemis. Charles IV. sans surcharger ses sujess d'impôts, a scû le mieux ranger ses finances; pour faire a tout temps la guerre avec gloire. Par sa sage prevoyance, ce Monarque a pu faire face au danger, dont il fût menacé de la part des Anglois, qui etoient sur le point d'envahir à jamais le commerce de sa Monarchie, heureusement il prévint leurs piéges et leurs mauvais desseins, contre les quels il saura garantir sa Monarchie. Par ses qualités éminentes, il pourra atteindre, même surpasser la gloire de ses ancêtres et porter sa Monarchie sur le plus haut fait de la gloire et de la puissance, et il rendra son peuple des plus heureux. Au reste si toutes les nations agiroient si prudemment comme les Espagnols contre les Anglois, ces fiers Insulaires ne feroient plus les monopoleurs de l'univers.

Il n'y a donc point d'apparence, que l'Angleterre trouvera des alliés sur le continent. La situation de ces Insulaires est dans ce moment bien critique, ils sont assiegés par les François et par les Bataves, ils sont forcét avec des depenses immenses à tenir toutes leurs flottes en mer, et toute la nation est obligée d'être sous les armes, le commerce avec toutes les fabriques et manufactures sont dans l'inaction ; et toute la nation est partagée en deux factions, même la maison Royale est divisée en deux ; l'heritier pense tout differemment que le Roi son pere. L'une de ces factions pense solidement, elle veut et demande la paix, à la tete de cette partie est le prudent Fox, qui plaide toujours la paix, avec des raisons qui sont parfaitement convenables pour le salut d'Angleterre. Ce grand homme montre toujours les faux principes, que les Ministres prennent pour augmenter les dettes nationales, et qui ruinent toute la nation. L'autre faction, qu'on peut bien nommer la partie des enragés, qui ne soufflent que la guerre et la ruïne de bien des états ; et qu'iis ne veulent que seul, tout le commerce et toutes les richesses de tout l'univers. Pitt est son terrible Chèf, et qui est devenû dans ce moment-ci, de nouveau premier Ministre. Pitt se déclarera à cette heure surement pour la guerre, et ccmme il a juré la mort à tous les François, il tachera probablement à former la troisieme coalition contre la France, pour l'écraser totalement, mais cette coalition aura surement le même sort que les deux premieres. Il vaudra donc mieux, à donner une aimable femme à Monsieur Pitt, qui le rendroit plus raisondable, plus souple, plus docile et plus humain,

Quoique la France seule, puisse resister contre la coalition la plus formidable; il est cependant a croire, que la Frence trouvera aussi ses alliés, et qui donneront une grande superiorité sur ses ennemis; alors l'inflexible Pitt sera obligé de se retirer de nouveau du ministére, pour laisser à son successeur l'honneur de faire la paix, et pour repentir à jamais ses fautes impardonnables dans une morne solitude. Ou est ce que Monsieur Pitt est-il rentré dans le Ministére, pour demander la paix? Quoique cette métamorphose seroit sûrement un miracle de la politique, elle seroit cependant très nécessaire pour le bien de la Grande-Bretagne.

Il est sûr quand les François veulent faire une descente en Angleterre, ils la feront, et toute la Grande-Bretagne sera conquise en peu de temps, et son gouvernement changé, parce que la motié de la nation demande hautement la paix, et la plus grande partie des Irlandois sont mécontent; toutes ces deux parties recevront les François à bras ouverts. Les troupes de terre et les beaux Corps des Volontairs, dont les gazettes ont fait tant de éloges, surtout de leur bel uniforme et qui portent si bien les armes ; ne feront sûrement pas une longue resistance aux François, parce-que c'est l'exercice, les manoeuvres, ou pour mieux dire l'habitude de se battre, qui manquent a ces belles troupes, et il n'est pas non plus croyable, que les beaux Volontairs de Pitt feront seul des merveilles ou des miracles. Ce que J'écris ici, est pour le bien de toute l'humanité, toutes les nations devoient s'unir pour s'y opposer contre les vues ambitieuses de ces fiers Anglois, qui ne veulent que d'avoir seul le commerce de toutes les parties du monde. Quelle pretention? Quelle irresonabilité de ce peuple? Quel tort et quelle perte pour toutes les autres nations? Plût à Dieu que tous les Monarques et tous les Souverains y reflêchissent serieusement ; alors toutes les guerres et toute discussion pour le commerce, seroient finis a jamais. La mer est navigable pour toutes les nations, tous les peuples y ont droit, et il n'appartient pas à une seule puissance de donner la loi pour la navigation et pour le commerce.

La providence qui dirige le sort de tous les nations et qui se sert ordinairement des grands hommes pour mettre fin à des abus afreux qui génent et tourmentent les peuples. C'est la providence, qui s'est servie du grand Buonaparte, a cette heure Empereur des François, pour finir le regne republtcain de Venitiens, regne dur et cruel pour ses sujets, et indolent pour tout le reste du monde. Il est restaurateur de la Religion en France, où en même temps il a accordé une tolerance generale a toutes les autres Religions et Sectes, pour ameliorer par là le commerce, et donner plus d'aisance et opulence à la nation.

Buonaparte ce grand heros, fût egalement destiné par la providence, d'être le fondateur d'un gouvernement solide, et qui a par la voix unanime des François, changé la Republique en Empire; et toute la nation lui a demandé pour son Empereur. C'est lui, qui est le refondateur des arts, et qui a beaucoup amelioré le commerce par des canaux qu'il a fait construire. Il a crée des nouveaux etats, il a beaucoup changé la politique d'aujourd'hui. Il est à croire aussi, qu'il est destiné a donner une autre face au gouvernement britannique; que cette nation quitte son trop grand egoisme, son avarice mercantile, et son envie perpetuel pour la guerre, et que par là L'Empereur des François, qui a donné la paix à tant des etats, devient aussi pacificateur générale. Qui sait pour quels exploits, que l'immortel Buonaparte, est encore destiné par la providence. Peut être L'Empereur actuel de François est aussi elû par la providence, d'abolir les regences barbaresques d' Alger, de Tunis, et de Tripoli et a donner une autre forme à L'Empire des Turques pour mettre fin par là à tant des cruautés et des desordres; au moins sans la France, on n'y peut rien changer pour le bien de l'humanité, mais par la France et son grand Empereur d'aujourd'hui, et par une alliance de quelques grandes puissances, la suppression totale de ces barbares et de ce gouvernement indolent, se fera subitement.

Ces Royaumes barbaresques et plusieurs provinces du vaste Empire des Ottomans, pourroient servir trés aisement a dedommager quelques uns des Souverains infortunés, même une partie en pourroit faire un sort à la maison de Bourbon. En cas ce qu'elle se soumettroit à sa patrie et reclameroit son intercession, la generosité de Sa Majesté Impériale l'Empereur de François si bien, que celle de tout L'Empire de France amelioroit surement le sort de ces Bourbons infortunés; et seroit le seul moyen de les retirer à jamais de tous les adversités; mais tout autre demarche que ces princes infortunés feroient d'ameliorer leur sort, ressembleroit au combat de Don Quichot contre le moulin. Leur prudence exige donc, d'être les premiers, à reconnoitre le grand et immortel Buonaparte comme Empereur des François. Ce n'est pas lui, ni la France qui les ont exclû dutrone, ce sont eux mêmes qui se sont exclûs par leur fuite volontaire, et par la quelle ils ont renoncé à jamais à leur droits et à leurs pretentions, et ils n'y peuvent plus rien changer, par ce que par l'elevement de Buonaparte à la dignité de L'Empereur des François, toute l'Europe est delivrée de tous les maux de la guerre et les delices de la paix sont assurés, à jamais. Par le bienfait que la France donne par là à tout l'univers, elle, et son auguste Empereur, seront toujours benis du L'Etre supreme de toutes prosperités; et le regne de Sa Majesté Imperiale L'Empereur Napoleon I. surpassera tout ce qu'il y a de grand dans l'histoire, ce regne sera le plus heureux, le plus florissant et le plus glorieux et le nom immortel de la famille Buonaparte, qui a donné à toute la terre le plus grand Monarque, vivra a jamais dans toutes les annales de toutes les nations, et dans les fastes de toutes les histoires de l'univers.

www.ingramcontent.com/pod-product-compliance
Ingram Content Group UK Ltd.
Pitfield, Milton Keynes, MK11 3LW, UK
UKHW012131240726
13965UKWH00005B/2117